少林武术精粹系列丛书

少林兵器对练（二）

德虔　德炎　编著

北京体育大学出版社

责任编辑：赵红霞
责任校对：潘海英
版式设计：李　鹤

图书在版编目（CIP）数据

少林兵器对练. 二 / 德虔, 德炎编著. -- 北京 : 北京体育大学出版社, 2022.1
（少林武术精粹系列丛书）
ISBN 978-7-5644-3596-7

Ⅰ. ①少… Ⅱ. ①德… ②德… Ⅲ. ①少林武术－器械术(武术)－套路(武术) Ⅳ. ①G852.2

中国版本图书馆CIP数据核字(2022)第007628号

少林兵器对练（二）
SHAOLIN BINGQI DUI LIAN(ER)　　德虔　德炎　编著

出版发行：北京体育大学出版社
地　　址：北京海淀区农大南路1号院2号楼2层办公B-212
邮　　编：100084
网　　址：http://cbs.bsu.edu.cn
发 行 部：010-62989320
邮 购 部：北京体育大学出版社读者服务部 010-62989432
印　　刷：北京昌联印刷有限公司
开　　本：880mm × 1230mm　　1/32
成品尺寸：148mm × 210mm
印　　张：2
字　　数：39千字
版　　次：2022年1月第1版
印　　次：2022年1月第1次印刷
定　　价：13.80元

前　言

武术作为中国的国粹，是中华民族传统文化的组成部分。家喻户晓的少林武术便是其中极具代表性的门类，是中国武术的重要象征。

我社与少林武术结缘已久，伴随着时光的流逝，有多种内容、多样组合、各种形式的载有少林武术的出版物，源源不断地从我社注入市场，为方兴未艾的少林武术热潮平添了更高的热度。可以说，少林武术图书一直与我社相伴相随，成为我社具有长期出版价值的图书门类。其中，少林武术图书的编纂者——已故的王长青（法号释德虔）先生功不可没。他经年累月锲而不舍，寻于寺院、觅于乡间，挖掘出大量尘封的少林武术资料，继而分门别类梳理、整饬成一册册书稿，并与我社携手努力，打造出独树一帜的武术图书板块，为我社的武术图书出版打开了新局面。

今天，在着力弘扬中华优秀传统文化，树立和增强文化自信的大背景下，我社将以往出版的少林武术书籍重新进行了编排，以全新的面貌推出“少林武术精粹系列丛书”，这是我社多年来少林武术出版情结的延续，是对积累和沉淀的少林武术资源的再一次整合与展示，更紧密契合了时代的要求。

通过这套书，读者可以研习刚柔相济、闪转腾挪的少林功夫，可以感悟其中凝结的中华智慧，可以领略武术文化的博大精深……这便是我社对这套书出版价值的期待。

目　录

梢子棍进枪

动作名称

预备势

1.乙连刺三枪 甲左右拨枪

2.乙倒步扎枪 甲上步梢格

3.乙撤步上刺 甲举梢格枪

4.乙抽枪上刺 甲滚身躲枪

5.甲持梢劈头 乙持枪格梢

6.乙向下扎枪 甲施梢拨枪

7.乙托枪刺头 甲撤步梢格

8.乙撤步劈头 甲上步格枪

9.乙倒步上刺 甲上步格枪

10. 乙上步盖头 甲绞梢棚架

11.乙转身下扎 甲沉把拨枪

12.乙连枪下扎 甲倒梢格枪

13.乙向上刺枪 甲舞梢格枪

14.甲上步扫头 乙撤步前俯

15.乙转身上刺 甲施梢格枪

16.甲上步云顶 乙撤步躲棍

17.甲上步扫头 乙俯身躲梢

18.乙起身上刺 甲举梢格枪

19.甲转身云顶 乙撤步闪躲

20.甲上步扫头 乙俯身躲棍

21.乙起身上刺 甲仰梢格枪

22.乙转身盖头 甲向里格枪

23.乙转身上刺 甲上步格枪

24.乙倒把盖头 甲倒步棚架

25.乙转身下扎 甲倒把格枪

26.乙连枪下扎 甲舞花梢格

27.乙向上刺枪 甲仰梢格枪

28.甲跳过扫脚 乙跳退躲棍

29.乙端枪刺面 甲起身格枪

30.甲跳进扫腿 乙跳退躲棍

31.乙仰枪上刺 甲起身格枪

32.甲转身云顶 乙抽枪待躲

33.甲仆步扫腿 乙跳退躲棍

34.乙落步上刺 甲起身格枪

35.甲滚身劈打 乙向下压棍

36.乙连枪下扎 甲退步绞棍

37.甲乙转身舞花

38.甲乙转身对阵

收 势

动作图解

预备势

甲乙右手持兵器（持梢子棍者为甲，持枪者为乙），身体挺直，左臂下垂，左手附于左大腿外侧，目视前方。（图1）

接上动作，甲乙左手抱拳，收于腰间。（图2）

图 1

图 2

1.乙连刺三枪 甲左右拨枪

图 3

乙右脚向左脚后外侧移一步，身体右转90度，两腿成左弓步，左手接枪把，托枪向前上方刺甲；甲以两脚为轴，身体左转90度，右脚后退一步，两腿成左弓步，左手接棍把，棍向前、向内拨枪。（图3）

接上动作，甲乙弓步不变，乙抽枪上刺，甲向外拨枪。（图4）

接上动作，甲乙弓步不变，乙再次抽枪上刺，甲向内拨枪。（图5）

图 4

图 5

2.乙倒步扎枪 甲上步梢格

乙左脚后退一步，两手持枪向前下方扎甲；甲右脚前上步，两腿成右弓步，同时向前、向下甩梢节格枪。（图6）

3.乙撤步上刺 甲举梢格枪

乙右脚后退步，移于左脚外侧一步，两腿成左弓步，同时托枪向前上方刺甲；甲两脚不动，舞花，持棍向前格枪。（图7）

图 6

图 7

4.乙抽枪上刺 甲滚身躲枪

乙抽枪再向上刺；甲先抬左脚，后抬右脚，向左翻身跳步（身体左转270度），棍随身势抡于头上。（图8）

5.甲持梢劈头 乙持枪格梢

甲左转90度，右脚前上步，两腿成右弓步，两手持棍用梢节打向乙；乙两脚向右后方滑退一步，托枪向上、向右格梢。（图9）

图 8

图 9

6.乙向下扎枪 甲施梢拨枪

乙两腿变为左弓步，托枪向前下方扎甲；甲沉梢节向前下往内拨枪。（图10）

7.乙托枪刺头 甲撤步梢格

乙左弓步不变，两手托枪向前上方刺甲；甲右脚后退一步，两腿成左弓步，持棍甩梢节向上往外格枪。（图11）

图 10

图 11

8.乙撤步劈头 甲上步格枪

乙左脚后退一步，两腿成右弓步，两手倒把向前上方劈甲；甲

右脚前上步，落于左脚前，两手倒把向前上方格枪。（图12）

9.乙倒步上刺 甲上步格枪

乙右脚后退一步，两腿成左弓步，两手托枪向前上方刺甲；甲左脚前上一步，两腿成左弓步，两手持棍，梢节向上格枪。（图13）

图 12

图 13

10. 乙上步盖头 甲绞梢棚架

乙右脚前上步，再左脚前上步，同时抽枪换把向前上方打甲；甲两手托棍绞梢，然后向前上方棚架。（图14）

11.乙转身下扎 甲沉把拨枪

乙左脚后退半步，身体右转90度，两腿成叉步，同时两手托枪下扎；甲倒把下拨。（图15）

图 14

图 15

12.乙连枪下扎 甲倒梢格枪

乙两脚不动，抽枪向前下方扎甲；甲舞半花，倒梢下格。（图16）

13.乙向上刺枪 甲舞梢格枪

乙两脚不动，提枪上刺；甲升棍梢向上格枪。（图17）

图 16

图 17

14.甲上步扫头 乙撤步前俯

甲右脚前上步，两腿成右弓步，两手持棍用梢节向前上方云旋一圈，然后再向前上方扫打乙；乙右脚撤步，向右落步，俯身躲棍。（图18）

15.乙转身上刺 甲施梢格枪

乙左转90度，两腿成左弓步，两手托枪向前上方刺甲；甲右弓步不变，施棍梢格枪。（图19）

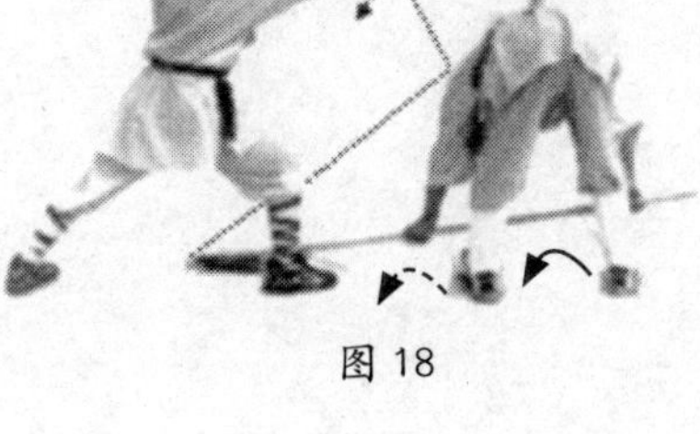

图 18

图 19

16.甲上步云顶 乙撤步躲棍

甲左脚前上一步，两手持棍换把在头上旋棍；乙左脚后退一步，持枪闪躲。（图20）

17.甲上步扫头 乙俯身躲梢

甲左脚前上半步，两腿成左弓步，同时持棍向前、向上扫打；乙向前俯身躲梢。（图21）

图 20

图 21

18.乙起身上刺 甲举梢格枪

乙起身，倒右脚向左后方，身体右转90度，两腿成左弓步，持枪上刺；甲持棍扬梢格枪。（图22）

19.甲转身云顶 乙撤步闪躲

甲右脚前上半步，持棍在头上云旋；乙左脚后退步，向右后方落步，两腿成叉步，闪躲甲棍。（图23）

图 22

图 23

20.甲上步扫头 乙俯身躲棍

甲右脚前上一步，两腿成右弓步，同时持棍向前、向上扫打；乙右脚向右移步，向前俯身低头避棍。（图24）

21.乙起身上刺 甲仰梢格枪

乙起身，身体左转90度，两腿成左弓步，两手持枪向前上方刺；甲右弓步不变，仰梢格枪。（图25）

图 24

图 25

22.乙转身盖头 甲向里格枪

乙两脚不动，上身左转，两手倒把向前上方劈；甲右脚后退一步，两腿成左弓步，举棍向里格枪。（图26）

23.乙转身上刺 甲上步格枪

乙两脚不动，上身右转，两腿成左弓步，持枪上刺；甲左脚后退一步，两腿成右弓步，施棍梢格枪。（图27）

图 26

图 27

24.乙倒把盖头 甲倒步棚架

乙倒把向前，向上绞把，然后向前上方劈打；甲右脚后退一步，两腿成左弓步，两手握棍向内绞梢，然后向上棚架。（图28）

25.乙转身下扎 甲倒把格枪

乙两脚不动，上身右转，持枪下扎；甲两脚不动，上身右转，两手倒把向下格枪。（图29）

图 28

图 29

26.乙连枪下扎 甲舞花梢格

乙左弓步不变，两手抽枪再向前下方扎枪；甲两脚不动，舞花，梢节向前格枪。（图30）

27.乙向上刺枪 甲仰梢格枪

乙左弓步不变，两手抽枪再向上刺；甲右脚前上一步，两腿成右弓步，仰梢向前、向上格枪。（图31）

图 30

图 31

28.甲跳过扫脚 乙跳退躲棍

甲两脚向前踮跳一步，两脚落地后，两腿成右仆步，同时挥棍向前下方扫击；乙两脚向后跳步，躲棍。（图32）

29.乙端枪刺面 甲起身格枪

乙两脚落地，两腿成左弓步，两手托枪向前刺；甲起身，两腿成右弓步，举棍旋梢格枪。（图33）

图 32

图 33

30.甲跳进扫腿　乙跳退躲棍

甲两脚向前跳一步，两脚落地后，两腿成左仆步，同时挥棍向前下方扫打；乙两脚向后跳步，躲棍。（图34）

31.乙仰枪上刺　甲起身格枪

乙两脚落地，两腿成左弓步，同时两手托枪上刺；甲起身，两腿成左弓步，仰棍上格枪。

32.甲转身云顶　乙抽枪待躲

甲先抬左脚、后抬右脚向前上步，两手持棍向头上云旋；乙抽枪待躲。（图35）

图 34

图 35

33.甲仆步扫腿 乙跳退躲棍

甲向前跳步，两脚落地后，两腿成右仆步，同时挥棍向前下方扫打；乙两脚向后跳步，躲棍。（图36）

34.乙落步上刺 甲起身格枪

乙左脚向左一步落地，两手托枪向前、向上刺；甲起身，两腿成右弓步，两手托棍仰梢格枪。（图37）

图 36

图 37

35.甲滚身劈打 乙向下压棍

甲两脚向左翻身跳步（身体左转360度），转身后两腿成右弓步，两手挥棍向前下方劈打；乙两脚向后跳退，两腿成左弓步，两手托枪向前、向下压棍。（图38）

36.乙连枪下扎 甲退步绞棍

乙左弓步不变，两手抽枪向前下方扎枪，再连续向前滑步扎枪；甲右弓步不变，挥棍向外格枪绞棍，连续退右脚绞梢，再退左脚绞梢。（图39）

图 38

图 39

37.甲乙转身舞花

甲右脚后退一步，身体右转180度，乙右转90度，左脚向前上步，继而右转90度，然后各自舞花。（图40）

38.甲乙转身对阵

甲左脚前上一步，右脚再前上一步，身体左转90度，两腿成右弓步，右手握棍向左舞半花，平担于右肩，同时左手脱把，向左侧推掌；乙右脚前上一步，身体左转180度，两腿成右纵弓步，两手持枪向甲刺去，目视对方。（图41）

图 40

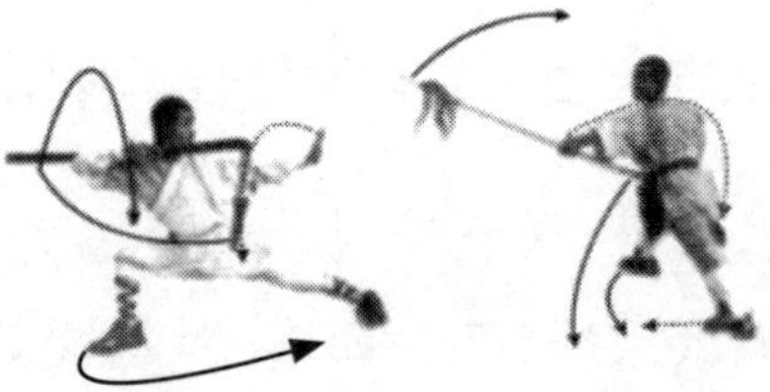

图 41

收　势

甲收右脚，与左脚并步，右手持棍舞半花，然后竖棍于身体右侧，棍梢向上；乙左转180度，收左脚，与右脚并步，右手握枪舞半

花，然后竖枪于身体右侧，同时左手脱把，垂臂，左手附于左大腿外侧。（图42）

图 42

大刀进枪

动作名称

预备势

1.甲持刀扫头 乙弯腰躲刀

2.乙施锁喉枪 甲用刀拨枪

3.甲乙撤步舞花

4.甲乙弓步拉架

5.乙跳步刺枪 甲跳步格枪

6.乙再次刺枪 甲向外格枪

7.乙上步打头 甲向里拨枪

8.乙转身扎脚 甲上步撩刀

9.乙倒步刺面 甲向外拨枪

10.甲上步拨枪 乙滑步扎枪

11.甲上步削腰 乙俯身躲刀

12.乙起身刺面 甲仰刀拨枪

13.乙倒步扎脚 甲上步格枪

14.甲上步劈刀 乙转身棚架

15.乙撤步下扎 甲倒步拨枪

16.乙向上刺枪 甲倒把格枪

17.乙连枪上刺 甲向里拨枪

18.乙上步打头 甲向外格枪

19.乙倒步上刺 甲上步拨枪

20.甲上步挂腿 乙跳步扫头

21.乙转身上刺 甲转向格枪

22.乙倒步下扎 甲上步拨枪

23.乙连枪下扎 甲撤步格枪

24.乙倒步上刺 甲转身拨枪

25.乙倒步打头 甲上步格枪

26.乙倒步上刺 甲返刀上格

27.甲沉刀刺心 乙推把格刀

28.乙向下扎枪 甲退步拨枪

29.乙上步刺头 甲跳步躲枪

30.乙跟步下扎 甲转身拨枪

31.乙上步刺头 甲仰刀格枪

32.乙连枪下扎 甲沉刀下拨

33.甲跳进绞刀 乙跳退绞枪

34.甲乙沉刀沉枪下绞

35.甲乙转身背枪

36.甲乙踩脚

37.甲乙回头望月

收　势

动作图解

预备势

甲（持大刀者）两脚并步站立，右手握刀，左手抱拳；乙（持枪者）两脚并步站立，右手握枪，左手抱拳（图1、图2）。

图 1

图 2

1.甲持刀扫头 乙弯腰躲刀

甲右脚向右横跨一步，两腿成右弓步，同时两手握刀横扫；乙右脚向右横跨一步，弯腰躲刀。（图3）

2.乙施锁喉枪 甲用刀拨枪

乙右脚向右撤一步，身体左转90度，两腿成左弓步，同时两手托枪向前上方刺；甲右弓步不变，两手握刀向上拨枪。（图4）

图 3

图 4

3.甲乙撤步舞花

甲乙撤步，转身，舞花。（图5）

4.甲乙弓步拉架

甲右脚向右开步，两腿成右弓步，刀竖于身体右侧；乙右脚向左后方退步，身体右转180度，两腿成右横弓步，同时两手托枪，向甲刺枪。（图6）

图 5

图 6

5.乙跳步刺枪 甲跳步格枪

乙先抬右脚，后抬左脚向前踮跳一步，左脚落于右脚前，两腿成左弓步，向前上方刺枪；甲先抬右脚，后抬左脚向前踮跳一步，左脚

落于右脚前，两腿成左弓步，两手倒握，用大刀根部向前格枪。（图7）

6.乙再次刺枪 甲向外格枪

乙左弓步不变，两手抽枪前刺；甲左弓步不变，两手握刀由里向外格枪（图 8 ）。

图 7

图 8

7.乙上步打头 甲向里拨枪

乙右脚前上一步，两腿成右弓步，同时倒把，用枪根向前劈打；甲两脚不动，用大刀根部拨枪根。（图9）

8.乙转身扎脚 甲上步撩刀

乙两脚不动，身体右转90度，两腿成叉步，两手握枪下扎；甲右脚前上一步，两腿成开步，两手倒把，向前撩刀格枪。（图10）

图 9

图 10

9.乙倒步刺面 甲向外拨枪

乙右脚向右移一步，两腿成左弓步，两手持枪向前上方刺甲；甲两脚不动，仰刀向外拨枪。（图11）

10.甲上步拨枪 乙滑步扎枪

甲左脚前上一步，两腿成左弓步，两手倒把用大刀根部向前拨枪；乙两脚向后滑半步，向前上方刺枪。（图12）

图 11

图 12

11.甲上步削腰 乙俯身躲刀

甲右脚前上一步，两腿成右弓步，两手握刀向前砍削；乙向前低头俯身躲刀。（图13）

12.乙起身刺面 甲仰刀拨枪

乙起身，两手持枪向前上方刺甲；甲抬刀向上拨枪。（图14）

图 13

图 14

13.乙倒步扎脚　甲上步格枪

乙左脚移于右脚后外侧一步，两腿成叉步，两手托枪下扎；甲左脚前上一步，两腿成左弓步，倒把向下格枪。（图15）

14.甲上步劈刀 乙转身棚架

甲右脚前上一步，两腿成右弓步，两手握刀向前劈；乙左转，两腿成右弓步，两手托枪向前上方棚架。（图16）

图 15

图 16

15.乙撤步下扎　甲倒步拨枪

乙右脚后退一步，同时持枪下刺；甲右脚后退一步，舞半花，向前下方拨枪。（图17）

16.乙向上刺枪 甲倒把格枪

乙两脚不动，扬枪向上刺；甲两脚不动，向左舞花，两手倒把向外格枪。（图18）

图 17

图 18

17.乙连枪上刺 甲向里拨枪

乙抽把向前上方刺枪；甲用大刀根部向里拨枪。（图19）

18.乙上步打头 甲向外格枪

乙左脚后退一步，两腿成右弓步，两手倒把向前打；甲两脚不动，托把向外格枪。（图20）

图 19

图 20

19.乙倒步上刺 甲上步拨枪

乙右脚后退一步，两手托枪向前上方刺甲；甲右脚前上一步，两手托刀向上拨枪。（图21）

20.甲上步挂腿 乙跳步扫头

甲左脚前上一步，两手持刀向前下方扫挂乙两腿；乙两脚向上跳步躲刀，同时挥把向前扫打。（图22）

图 21

图 22

21.乙转身上刺 甲转向格枪

乙两脚落地后，身体左转180度，两腿成左弓步，同时两手托枪刺向前上方；甲向前上步，身体左转，两腿成左弓步，同时两手倒把向上格枪。（图23）

22.乙倒步下扎 甲上步拨枪

乙左脚移于右脚后外侧一步，两腿成叉步，同时持枪下扎；甲右脚前上一步，两腿成右弓步，同时持刀向前下方拨枪。（图24）

图 23

图 24

23.乙连枪下扎　甲撤步格枪

乙抽枪，再向前下方刺；甲左脚移于右脚后外侧，两腿成叉步，舞花，背刀格枪。（图25）

24.乙倒步上刺　甲转身拨枪

乙右脚后退一步，持枪向上刺；甲左转270度，刀随身势向上拨枪。（图26）

图 25

图 26

25.乙倒步打头　甲上步格枪

乙左脚后退一步，身体左转90度，两腿成右弓步，两手倒把打向前上方；甲右脚前上一步，两腿成右弓步，两手倒把用大刀根部

向前格枪。（图27）

26.乙倒步上刺 甲返刀上格

乙右脚后退一步，两手持枪刺向前上方；甲两手握刀，倒把返刀向前上方格抵乙枪。（图28）

图 27

图 28

27.甲沉刀刺心 乙推把格刀

甲右弓步不变，挥刀向前刺；乙两脚不动，沉枪锋，推杆向前格刀。（图29）

28.乙向下扎枪 甲退步拨枪

乙两脚不动，持枪刺向前下方；甲两脚后退半步，挥刀拨枪。（图30）

图 29　　图 30

29.乙上步刺头　甲跳步躲枪

乙右脚前上一步，持枪向前刺；甲向左翻身跳步，躲枪。（图31）

30.乙跟步下扎　甲转身拨枪

乙两脚向前垫跳半步，持枪刺向前下方；甲转身后，两腿成左弓步，返刀拨枪。（图32）

图 31　　图 32

31.乙上步刺头　甲仰刀格枪

乙左脚前上一步，两腿成左弓步，持枪刺向前上方；甲两脚向后滑半步，仰刀上格。（图33）

32.乙连枪下扎 甲沉刀下拨

乙两脚不动，沉枪下扎；甲两脚不动，沉刀下拨。（图34）

图 33

图 34

33.甲跳进绞刀 乙跳退绞枪

甲两脚向前跳一步，两脚落地后成叉步，同时两手握刀向上绞刀；乙迅速抬两脚向后跳退一步，两脚落地后成叉步，同时两手握枪向前上方绞枪。（图35）

34.甲乙沉刀沉枪下绞

甲左脚前上一步，两腿成左弓步，沉刀下绞；乙右脚后退一步，两腿成左虚步，沉枪下绞。（图36）

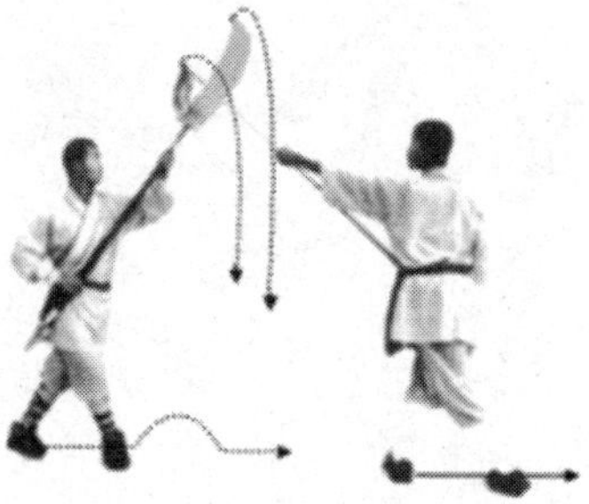

图 35

图 36

35.甲乙转身背枪

甲向左、乙向右转体180度，舞半花，甲背刀、乙背枪于身后，右手脱把。（图37）

36.甲乙踩脚

甲乙都抬右腿向前弹踢，抬右手向前拍击右脚脚面（响亮）。（图38）

图 37

图 38

37.甲乙回头望月

甲乙右脚下落于左脚前一步处，上身左转90度，两腿成右弓步，同时右手变拳，架于头右侧，目视左后方。（图39）

收　势

甲收右脚，与左脚并步，刀由左向右舞半花，右手接把，然后竖于身体右侧，刀锋向上，左臂下垂，左手附于左大腿外侧，目视对方；乙左转90度，右脚前上一步，再左转90度，收右脚，与左脚并步，枪随身势转，右手接把，竖于身体右侧，枪锋向上，左臂下垂，左手附于左大腿外侧。（图40）

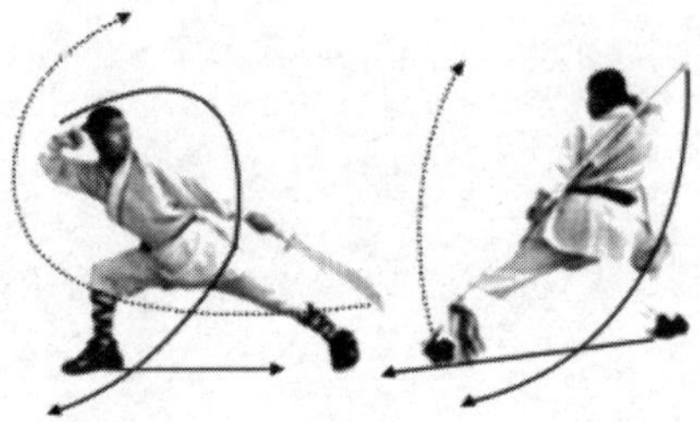

图 39

图 40

单刀破枪

动作名称

预备势

1.甲砍乙枪把

2.甲扫腿削头

3.甲云顶 乙舞花

4.甲叶底藏花 乙洪门迎客

5.甲上下格枪 乙上下刺枪

6.甲滚身劈 乙刺脚面枪

7.甲上格劈头 乙刺上棚架

8.乙进枪前刺 甲撤步扫腿

9.甲云顶 乙舞枪

10.甲叶底藏花 乙洪门迎客

11.甲左右格 乙左右咽喉刺

12.乙刺甲脚面 甲刀下格挡

13.乙扬枪刺喉 甲架刀格挡

14.乙刺腰枪 甲转身躲枪

15.乙刺甲腹 甲削乙头

16.乙扫甲腿 甲削乙顶

17.甲前走云顶 乙换位舞枪

18.甲叶下藏花 乙洪门迎客

19.乙刺甲喉 甲持刀格挡

20.甲持刀削枪 乙脱枪落枪

21.乙抓腕拧臂 甲受困俯身

22.乙踹甲背 甲前滚翻身

23.乙打虎势 甲白鹤亮翅

收　势

动作图解

预备势

甲（持刀者）、乙（持枪者）两脚并立，身体挺直；甲左手抱刀，右臂下垂，右手附于右大腿外侧，目视前方；乙右手握枪，左臂下垂，左手附于左大腿外侧，目视前方。（图1）

接上动作，甲乙左脚向左开半步，同时提握空手拳，甲向右摆头、乙向左摆头，目视对方。（图2）

图 1

图 2

1.甲砍乙枪把

甲右脚右移半步，同时右手接刀，向右前方砍乙枪把，目视乙枪把。（图3）

2.甲扫腿削头

甲右手持刀向前下方扫击，乙迅速抬左脚向上躲避（图4）。甲起刀向上削，乙迅速弯腰低头避刀，同时持枪刺甲下方（图5）。

3.甲云顶 乙舞花

甲以两脚为轴，身体左转180度，刀随身势向头上云旋；乙身体左转180度，枪随身势舞花。（图6）

图 3

图 4

图 5

图 6

4.甲叶底藏花 乙洪门迎客

甲右转180度，右脚向右移一步，两腿成右横弓步，同时左掌向前推出，掌心向前，右手刀藏于身后，目视对方；乙左脚向左移一步，上身右转90度，右脚向右外侧跨一步，两腿成右横弓步，然后两手托枪向前方斜刺，目视对方。（图7）

5.甲上下格枪 乙上下刺枪

乙持枪向前刺，甲飞刀向上格挡。（图8）

接上动作，乙向下沉枪，向前下方刺甲；甲沉刀下格乙枪，目视乙枪。（图9）

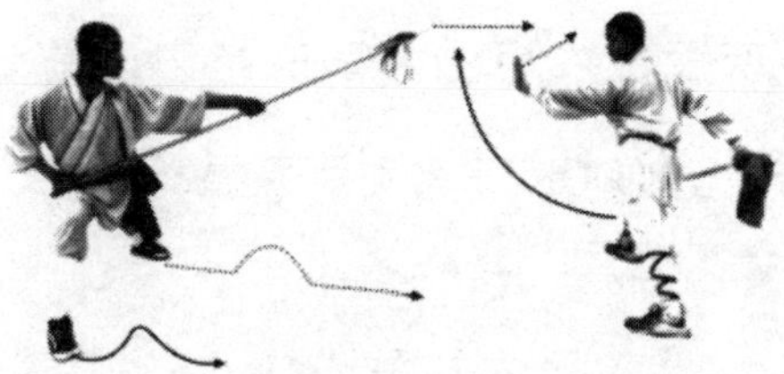

图 7

图 8

图 9

6.甲滚身劈 乙刺脚面枪

甲迅速抬两脚，向左滚身跳步（图10）。甲转身后，右脚落于左脚前，两腿成右弓步，同时右手握刀向前下方劈乙枪头，目视乙枪（图11）。

图 10

图 11

7.甲上格劈头 乙刺上棚架

甲先抬左脚，后抬右脚，两腿成右弓步，同时持刀向前砍击；乙抬枪上格（图12）。甲用力向前劈刀，乙两手握枪棚架上格（图13）。

图 12

图 13

8.乙进枪前刺 甲撤步扫腿

乙抬枪向前刺，甲左脚后退一步，两腿成右弓步，仍然扬刀相格（图14）。甲俯身持刀向前下方扫击，乙抬右脚避刀（图15）。

图 14

图 15

9.甲云顶 乙舞枪

甲迅速向前跳步，同时起左手头上环绕，右手持刀绕头一周，刀落于左腋下；同时乙持枪向前跳步走过，抡顺舞花。（图16）

10.甲叶底藏花 乙洪门迎客

甲右转180度，两腿成右横弓步，同时左掌向前推出，右手持刀展臂向后，刀尖向下，目视对方；乙右转180度，两腿成右横弓步，同时两手托枪向前，目视对方。（图17）

图 16

图 17

11.甲左右格 乙左右咽喉刺

乙左脚前上一步，两腿成左弓步，同时两手托枪向前上方刺甲；甲扬刀向左格挡（图18）。乙托枪再向前上方刺甲，甲扬刀向右格挡（图19）。

图 18

图 19

12.乙刺甲脚面 甲刀下格挡

乙两手托枪向前下方刺甲，甲持刀向外格挡（图20）。乙抽枪，再向前下方刺甲，甲再挥刀格挡（图21）。

图 20

图 21

13.乙扬枪刺喉 甲架刀格挡

乙扬枪向上刺，甲举臂棚架横挡，目视对方。（图22）

14.乙刺腰枪 甲转身躲枪

乙左脚后退一步，两腿成叉步，同时两手托枪向前横刺；甲迅速

抬右脚，向后退一步，然后身体右转180度，滚身舞刀避之。（图23）

图 22

图 23

15.乙刺甲腹 甲削乙头

乙右脚向右横移一步，同时两手托枪向前刺；甲左转180度，右脚前上一步，同时崩刀格乙枪（图24）。甲两腿成右弓步，同时飞刀向前、向上砍；乙迅速变两腿为左弓步，同时扬枪向前上方格抵，目视对方（图25）。

图 24

图 25

16.乙扫甲腿 甲削乙顶

乙右脚前上一步，倒枪把，向前下方扫打甲右小腿；甲迅速抬右脚避之，然后甩刀，乙迅速低头躲之。（图26）

17.甲前走云顶 乙换位舞枪

甲从乙身体右侧绕过，向前走步，刀随身势云顶；乙闪身向前而过，换把舞枪。（图27）

图 26

图 27

18.甲叶下藏花 乙洪门迎客

甲右脚前上一步，身体左转90度，两腿成右横弓步，同时左掌向前推出，右手持刀，向后展臂沉刀，目视对方；乙左脚移于右脚前一步，身体右转180度，两腿成右横弓步，同时两手托枪向前招架，目视对方。（图28）

19.乙刺甲喉 甲持刀格挡

乙左脚前上半步，托枪向前刺；甲右脚前上半步，同时崩刀向前格挡。（图29）

接上动作，不停，甲格挡变平扫刀。（图30）

20.甲持刀削枪 乙脱枪落枪

甲左脚前上一步，紧跟着右脚前上一步，同时两手持刀沿乙枪

头向下削；乙受刀削而松把脱枪，展臂，上体稍向后仰。（图31）

图 28

图 29

图 30

图 31

21.乙抓腕拧臂 甲受困俯身

乙向甲右侧绕走，然后转身，伸左手抓住甲右手腕，向后拧；甲受制后转身前俯。（图32、图33）

图 32

图 33

22.乙踹甲背 甲前滚翻身

乙抬右脚向前猛踹甲后背部（图34），甲头肩着地向前滚翻一周，乙左转，向前向上腾跳，当全身腾空时，伸右手拍击右脚脚面（响亮）（图35）。

图 34

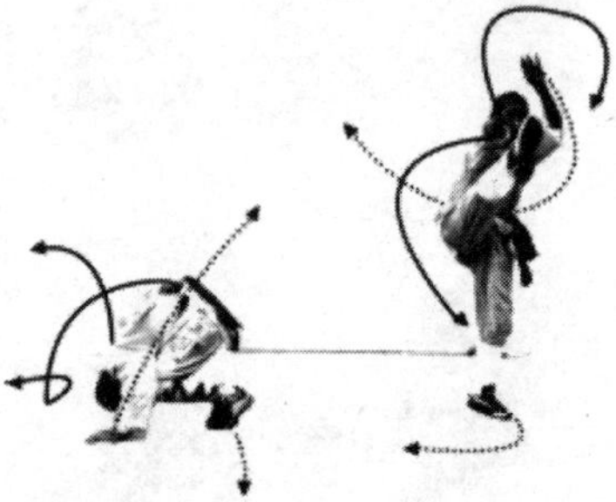

图 35

23.乙打虎势 甲白鹤亮翅

乙右转180度，右脚下落于右侧，两腿成右横弓步，同时两手变拳，左拳向前冲击，右拳架于头右侧，目视对方；甲起身后，两腿成右横弓步，同时两臂向两侧平展，目视对方。（图36）

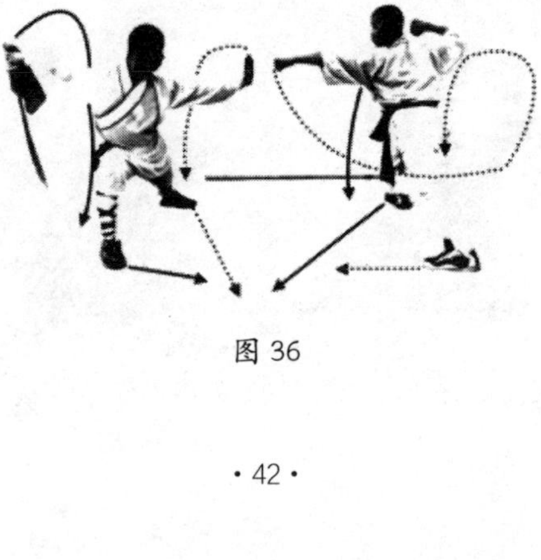

图 36

收 势

乙左转，右脚向左脚并步，同时两拳收于腰间，身体挺直；甲上身右转90度，左脚向右脚并步，左手持刀，右手附于右大腿外侧，身体挺直。（图37）

图 37

夺匕首

动作名称

预备势
1.乙向前快走 甲快步追踹
2.甲持匕首刺 乙俯滚而逃
3.甲乙对阵势
4.甲寻机行刺 乙谨慎对付
5.甲向前刺喉 乙伸左手格
6.甲施冲心拳 乙用右拳挡
7.甲施三刺头 乙左右闪躲
8.甲举匕首刺 乙抬臂格挡
9.甲泰山压顶 乙仰拳上格
10.甲仰手上刺 乙棚臂举格
11.甲浪子踢球 乙俯地爬躲
12.甲追进欲刺 乙施金绞剪
13.甲乙滚翻对阵势
14.甲跳进扎喉 乙举臂上格
15.甲沉刀扎头 乙低头闪躲
16.甲错身而走 乙转身抓背
17.甲转身行刺 乙回马痛击
18.甲卷土重来 乙俯身躲刺
19.甲回刀再刺 乙举手格挡
20.乙浪子踢球 甲转身逃走
21.甲滚翻躺地 乙跃步腾空
22.乙压身捣喉 甲起刀刺腕
23.甲施朝天蹬 乙用铁掌挡
24.甲乙各自滚翻
25.甲乙马上对阵
26.甲举臂上刺 乙伸手格挡
27.甲阴拳击肚 乙崩捶封格
28.甲按背行刺 乙俯身闪躲
29.甲向右欲刺 乙向左闪躲
30.甲举手扎头 乙伸左手挡
31.甲左手抢喉 乙后仰躲避
32.甲举手行刺 乙跌地仰卧
33.甲乙滚翻
34.甲乙对阵
35.甲上步刺头 乙向前擒腕
36.乙抬脚踹胸 甲仰身躲避
37.乙左脚踢背 甲匕首落地
38.甲抬头欲起 乙下砸重拳
39.甲再次欲起 乙右脚下踹
40.乙伸手掂拎 甲被制转旋
收　势

动作图解

预备势

甲右手握匕首，两脚侧纵并立，两臂下垂；乙两脚侧纵并立，两臂下垂，两掌分别附于两大腿外侧。（图 1 ）

1.乙向前快走 甲快步追踹

乙在前面快步行走；甲紧步追上，两脚迅速向前跳步，抬左脚向前踹击乙。（图2）

图 1

图 2

2.甲持匕首刺 乙俯滚而逃

甲左脚高踹不变，向上欲刺；乙向前俯身滚身而逃。（图3）

3.甲乙对阵势

甲左脚下落，两腿成马步，左臂屈肘，左掌变拳，向前亮拳，匕首藏于右后方；乙向前滚翻一周后起身，左脚在前，两腿成低势马步，左臂屈肘，左掌变拳，向前亮拳，右拳抱于腰间，目视对方。（图4）

图 3

图 4

4.甲寻机行刺 乙谨慎对付

甲左转，右脚前上半步，再抬左脚上步，左臂屈肘，左拳向前亮拳，匕首藏于身后，目视对方；乙右脚向左上一步，再抬左脚向右上步，以环行走步，左臂屈肘，左拳向前亮拳，右拳藏于背后。（图5）

5.甲向前刺喉 乙伸左手格

甲右脚前上一步，身体左转90度，两腿成纵马步，同时伸右匕首向前行刺；乙左脚移于右脚外侧一步，身体左转90度，两腿成纵马步，同时伸左拳向前格击甲右手腕部。（图 6）

图 5

图 6

6.甲施冲心拳 乙用右拳挡

甲纵马步不变，迅速出左拳向前冲击乙；乙纵马步不变，迅速出右拳挡住甲左拳。（图7）

7.甲施三刺头 乙左右闪躲

甲抬右匕首向左前方刺，乙迅速向右低头斜身闪躲（图8）；甲抬右匕首反把向右前方刺，乙迅速向左低头斜身闪躲（图9）；甲又抬右匕首向左前方刺，乙迅速向右低头斜身闪躲（图10）。

图 7

图 8

图 9

图 10

8.甲举匕首刺 乙抬臂格挡

甲出右匕首向前刺；乙迅速抬左拳向前格挡，并向下压甲右匕首。（图11）

9.甲泰山压顶 乙仰拳上格

甲出左拳向前上方击打乙，乙迅速出右拳向前、向上格挡。（图12）

10.甲仰手上刺 乙棚臂举格

甲翻腕仰刀上刺；乙左拳棚臂，上举格挡。（图13）

图 11

图 12

图 13

11.甲浪子踢球 乙俯地爬躲

甲抬右脚向前踢击乙左小腿，乙仰身俯地爬躲。（图14）

12.甲追进欲刺 乙施金绞剪

甲转体后向前跳步，举匕首刺向乙，乙抬右腿弹蹬甲左小腿。（图15、图16）

13.甲乙滚翻对阵势

甲乙屈腿向后跳跃滚翻（图17）。甲乙滚翻起身，两腿成马步，屈肘进左拳，目视对方，成对阵势（图18）。

14.甲跳进扎喉 乙举臂上格

甲左转，两脚向前跳跃，两腿成右弓步，同时举右匕首扎向前方；乙两脚向前滑步，两腿成左弓步，同时举左拳向上格挡。（图19）

图 14

图 15

图 16

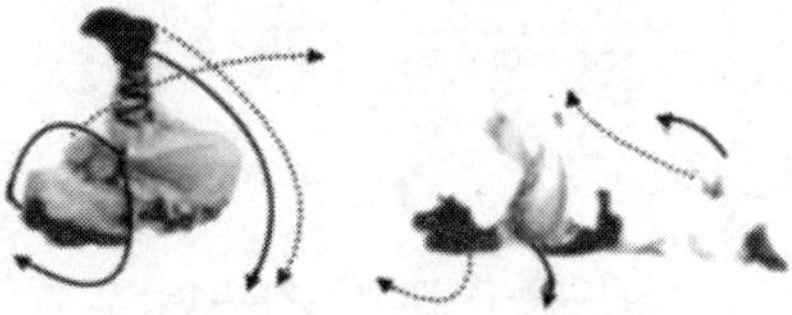

图 17

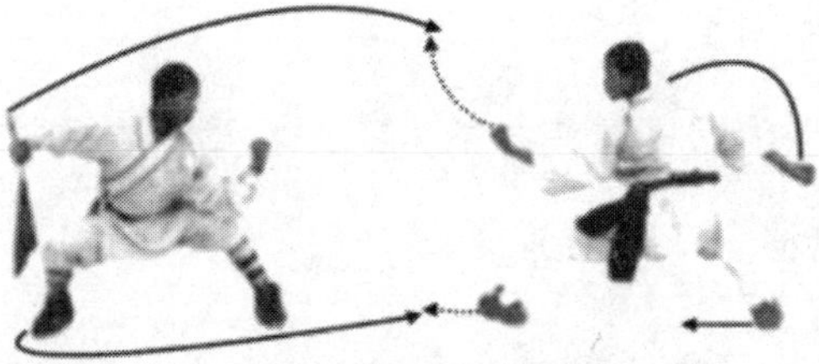

图 18

图 19

15.甲沉刀扎头 乙低头闪躲

甲持匕首向下扎，乙低头撞颌。（图20）

16.甲错身而走 乙转身抓背

甲向左错身闪躲（图21），乙转身施右手抓甲后背（图22）。

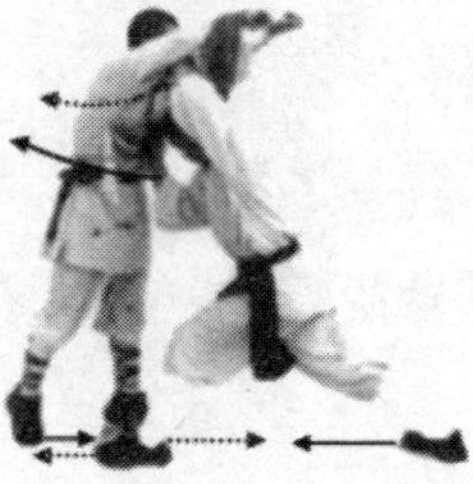

图 20

图 21

图 22

17.甲转身行刺 乙回马痛击

甲突然转身，乙迅速回身出左拳向前上方击打，甲上身后仰躲避。（图23）

18.甲卷土重来 乙俯身躲刺

甲抬起匕首刺向乙，乙向前左侧俯身闪躲。（图24）

19.甲回刀再刺 乙举手格挡

甲右脚向左脚后移半步，回匕首刺向前方；乙右脚向右后方滑半步，同时举左拳向前上格挡。（图25）

图 23

图 24

图 25

20.乙浪子踢球 甲转身逃走

乙抬左脚向前踢击甲裆部，甲急转身躲避。（图26）

21.甲滚翻躺地 乙跃步腾空

甲向前滚翻360度，然后仰卧在地；乙向前跃步腾空。（图27）

22.乙压身捣喉 甲起刀刺腕

乙跃步压在甲身上，伸手捣甲；甲举匕首刺向乙，乙伸左手格

挡。（图28）

图 26

图 27

图 28

23.甲施朝天蹬 乙用铁掌挡

乙继续向下捣甲；甲迅速抬右脚蹬乙上身，挡住乙的攻击。（图29）

24.甲乙各自滚翻

甲乙向相反方向滚翻360度。（图30）

图 29

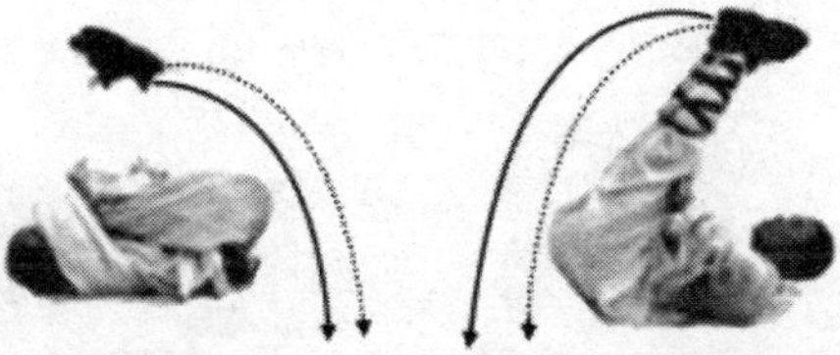

图 30

25.甲乙马上对阵

甲乙滚翻起身，两腿成马步，同时各出左拳，对视观阵。（图31）

26.甲举臂上刺　乙伸手格挡

甲右手举匕首刺向乙，乙抬左手向前格挡。（图32）

图 31

图 32

27.甲阴拳击肚　乙崩捶封格

甲突然出左掌向下方击打乙，乙迅速出右拳向前下方封格。（图33）

28.甲按背行刺　乙俯身闪躲

甲向左闪身，按住乙背部；乙向甲右侧闪身躲避。（图34）

29.甲向右欲刺　乙向左闪躲

甲向右闪身上步行刺，乙向甲左侧闪身上步躲避。（图35）

图 33

图 34

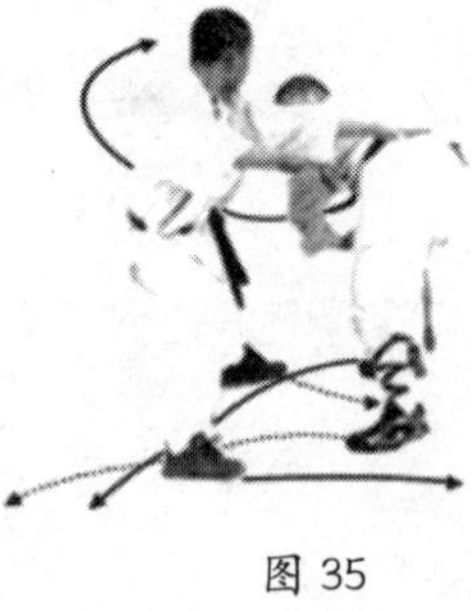
图 35

30.甲举手扎头 乙伸左手挡

甲右手举匕首向下扎，乙出左手向上格挡。（图36）

31.甲左手抢喉 乙后仰躲避

甲伸左手向前抢卡乙咽喉部位，乙向后仰身闪躲。（图37）

32.甲举手行刺 乙跌地仰卧

甲右手举匕首扎向乙；乙向后跌地，仰卧。（图38）

图 36

图 37

图 38

33.甲乙滚翻

甲乙反向滚翻。（图39）

34.甲乙对阵

甲乙滚翻起身，两腿成横开步，各以左拳相持，目视对方。（图40）

图 39

图 40

35.甲上步刺头 乙向前擒腕

甲右脚前上一步，右手举匕首刺向乙；乙抬左手擒住甲右手腕，出右手拿住甲右臂。（图41）

36.乙抬脚踹胸 甲仰身躲避

乙抬右腿向前踹击甲，两手拿住甲右臂；甲向后仰身躲避。（图42）

图 41

图 42

37.乙左脚踢背 甲匕首落地

乙两手拿住甲右臂不松，迅速抬左脚踢击甲背部；甲右手被制而匕首落地，同时前俯倒地（图43、图44）。

图 43

图 44

38.甲抬头欲起 乙下砸重拳

甲抬头欲起（受拳击而趴下）（图45），乙下砸右拳（图46）。

图 45

图 46

39.甲再次欲起 乙右脚下踹

甲抬头欲起（图47）；乙抬右脚下踹甲背部，致甲趴下（图48）。

图 47

图 48

40.乙伸手掂拎 甲被制转旋

乙伸左手抓住甲衣领，向身前拎起（图49）；甲被制服，顺牵旋转（图50）。

图 49

图 50

收　势

乙松开左手，收左脚，向右脚并步，两臂下垂；甲左转180度，两脚并步站立，两臂下垂，目视前方。（图51）

图 51